DOSSIERS SUR LES REQUINS

LES MAKOS

Julie K. Lundgren

Un livre de la collection
Les jeunes plantes de Crabtree

TABLE DES MATIÈRES

CRABTREE
Publishing Company
www.crabtreebooks.com

Soutien de l'école à la maison pour les parents, les gardiens et les enseignants

Ce livre aide les enfants à se développer grâce à la pratique de la lecture. Voici quelques exemples de questions pour aider le lecteur ou la lectrice à développer ses capacités de compréhension. Les suggestions de réponses sont indiquées en rouge.

Avant la lecture

- De quoi ce livre parle-t-il?
  - *Je pense que ce livre parle des makos.*
  - *Je pense que ce livre explique ce que les makos aiment manger.*

- Qu'est-ce que je veux apprendre sur ce sujet?
  - *Je veux savoir où vivent les makos.*
  - *Je veux apprendre combien de dents ont les makos.*

Pendant la lecture

- Je me demande pourquoi...
  - *Je me demande pourquoi les makos ont un nez pointu.*
  - *Je me demande pourquoi certains pensent qu'il est amusant de pêcher un mako.*

- Qu'est-ce que j'ai appris jusqu'à présent?
  - *J'ai appris que le corps des makos est long, lisse et puissant.*
  - *J'ai appris qu'ils nagent très vite.*

Après la lecture

- Nomme quelques détails que tu as retenus.
  - *J'ai appris que les makos chassent les proies rapides comme le thon et l'espadon.*
  - *J'ai appris que les makos peuvent bondir pour atteindre la nourriture.*

- Lis le livre à nouveau et cherche les mots de vocabulaire.
  - *Je vois le mot **torpilles** à la page 13 et les mots **en voie de disparition** à la page 21. Les autres mots du glossaire se trouvent aux pages 22 et 23.*

LE MAKO

Voici le requin le plus rapide au monde.

Les makos sont conçus pour la vitesse.

INFO AU DOSSIER

Ils nagent environ 10 fois plus vite que les nageurs humains les plus rapides.

Leur corps est lisse et puissant.

INFO AU DOSSIER

Leur nez pointu permet de fendre l'eau.

Ils peuvent traverser tout un **océan**.

Ils chassent des **proies** rapides comme le thon, l'**espadon** et d'autres requins!

thon
espadon

Les makos peuvent bondir pour atteindre la nourriture.

INFO AU DOSSIER

Certains les appellent des **torpilles** avec des **dents**.

Leurs dents sont longues et acérées.

Les gens les pêchent pour se divertir ou pour les manger.

Combien y a-t-il de makos dans nos océans? Nous ne le savons pas.

Nous devons en apprendre davantage au sujet de ces chasseurs rapides.

INFO AU DOSSIER

Les makos sont **en voie de disparition.**

GLOSSAIRE

dents (dan) : Les dents sont des organes de la bouche, blancs et osseux, qui sont utilisés pour mordre et mâcher.

en voie de disparition (en voa de dis-pa-ri-ssion) : Les animaux en voie de disparition sont à risque d'extinction.

espadon (ès-pa-don) : L'espadon est un gros poisson avec un très long nez pointu.

océans (o-cé-an) : Les océans sont de vastes plans d'eau salée où vivent de nombreux animaux.

proie (proa) : Une proie est tout animal chassé et mangé par un autre animal.

torpilles (tor-pille) : Les torpilles sont des missiles lisses très rapides qui sont lancés sous l'eau.

Index

À propos de l'autrice
Julie K. Lundgren

Julie K. Lundgren a grandi près du lac Supérieur, où elle s'amusait dans les bois, cueillait des baies et enrichissait sa collection de pierres. Ses intérêts l'ont conduite à un diplôme en biologie. Elle vit au Minnesota avec sa famille.

Sites Web

Les sites Web sont en anglais seulement.

https://www.dkfindout.com/us/animals-and-nature/fish/mako-shark
https://easyscienceforkids.com/all-about-sharks

CRABTREE Publishing Company

Autrice : Julie K. Lundgren
Conception : Jennifer Dydyk
Révision : Kelli Hicks
Correctrice : Melissa Boyce
Traduction : Annie Evearts
Coordinatrice à l'impression : Katherine Berti

Références photographiques :
Illustration du requin du logo de la couverture : © BATKA/Shutterstock; illustration du grand requin blanc pour « INFO AU DOSSIER » : © Dashikka/Shutterstock; couverture : © Alessandro De Maddalena/Shutterstock.com; page 3 : © wildestanimal / Shutterstock.com; page 5 : © Martin Prochazkacz/Shutterstock.com; page 6 : © Martin Prochazkacz/Shutterstock.com; page 7 : © wildestanimal/Shutterstock.com; page 9 : © Martin Prochazkacz/Shutterstock.com; page 11 (thon) : © Shane Gross/Shutterstock.com, (espadon) : © SVITO-Time/Shutterstock.com; pages 13, 17 et 19 : © Alessandro De Maddalena/Shutterstock.com; page 15 : © saulty72/Shutterstock.com; page 21 : © saulty72/Shutterstock.com; page 23 (torpille) : © Ilya Shulika/Shutterstock.com

Crabtree Publishing Company
www.crabtreebooks.com 1-800-387-7650

Publié aux États-Unis
Crabtree Publishing
347 Fifth Avenue
Suite 1402-145
New York, NY, 10016

Publié au Canada
Crabtree Publishing
616 Welland Ave.
St. Catharines, Ontario
L2M 5V6

Imprimé au Canada/052023/CPC20230517

Catalogage avant publication de Bibliothèque et Archives Canada

Titre: Les makos / Julie K. Lundgren ; texte français d'Annie Evearts.
Autres titres: Mako sharks. Français.
Noms: Lundgren, Julie K., auteur.
Description: Mention de collection: Dossiers sur les requins | Les jeunes plantes de Crabtree | Traduction de : Mako sharks. | Comprend un index.
Identifiants: Canadiana (livre imprimé) 20210284706 | Canadiana (livre numérique) 20210284722 | ISBN 9781039609655 (couverture souple) | ISBN 9781039609716 (HTML) | ISBN 9781039609778 (EPUB)
Vedettes-matière: RVM: Isurus—Ouvrages pour la jeunesse. | RVMGF: Documents pour la jeunesse.
Classification: LCC QL638.95.L3 L86514 2022 | CDD j597.3/3—dc23